자유를 인수분해하다

자유를 인수분해하다

김선호 시조집

고두미

□ 시인의 말

빨강 노랑 고루 섞은 'ㄲ'자 위에 얹고

그 아래 받친 'ㅗ'자 초록으로 물들이고

황갈색 'ㅊ'자 빚어 땅속 깊이 심는다

도도한 장미 말고 새살대는 들꽃이길

외양만 꽃이 아니라 향기도 머금기를

누군가 한껏 취해서 어깨라도 덩실대길

                                        을사년 한복판

                                        石溪 김선호

| 자유를 인수분해 하다 | 차례 |

제1부 기어이 두 쪽을 내고

방생放生과 방생防生 사이	13
실외기	14
신화푸드 이모	15
철사에게	16
샤워기	17
3호선 옥수역	18
상수리나무	19
공복 타령	20
흉상	21
코르사주	22
대장동 설화	23
경유가 뿔났다	24
을의 방백	25
네트	26
비상계엄	27

제2부 담장은 장미네 진지

명자꽃	31
입춘	32
부화뇌동	33
벼얼	34
뿌리	35

동병상련 ___ 36
현수막 가라사대 ___ 37
뱀이다 ___ 38
양파 ___ 39
살포 ___ 40
봄의 어귀 ___ 41
오월 화투花鬪 ___ 42
법면法面 ___ 43
빙판 ___ 44
클러치 상실 시대 ___ 45
춘태만상春態萬象 ___ 46

제3부 꼭 집어 아니 말해도

물아일체 ___ 49
체온에게 ___ 50
과대망상 ___ 51
삽화 ___ 52
팝업창 ___ 53
밑줄 ___ 54
결핍 ___ 55
투시 ___ 56
카브라 ___ 57
패딩 상소문 ___ 58
설치다가 ___ 59

펑크 나다   ___ 60
목차   ___ 61
외도하다   ___ 62
랜섬웨어   ___ 63

제4부 황혼길 명석한 동행

줄초상을예?   ___ 67
유치권 행사 중   ___ 68
속정續情   ___ 69
쓰레기론   ___ 70
이백삼홍二白三紅   ___ 71
진퇴양난   ___ 72
이력서   ___ 73
명석한 부부   ___ 74
번데기   ___ 75
감진고래甘盡苦來   ___ 76
만학   ___ 77
해탈   ___ 78
출간   ___ 79
평론   ___ 80
일장춘몽   ___ 81

제5부 기죽은 어깨 너머로

공방	___ 85
좌고우면	___ 86
절절매다	___ 87
방향을 읽다	___ 88
소리 점고	___ 89
추락	___ 90
엉터리 작명소	___ 91
달달	___ 92
사진과 오진	___ 93
박 타령	___ 94
이만은 꼭 하시게	___ 95
몰염치	___ 96
신앙심의 묘한 어원	___ 97
끝내주다	___ 98
번아웃 내력	___ 99
상견례	___ 100

□ 독문독설
윤상희, 윤현자, 정형석, 강성원, 이남숙

제1부

기어이 두 쪽을 내고

방생放生과 방생防生 사이

다항식처럼 자유는 인수분해가 까다롭다
납치 구금 순종 같은 인수들로 엉키다가
풀리면 거들먹거리며 맨 앞줄에 앉는 생색

풀려나는 길목마다 함수 계산 한창이다
설렘의 농도만큼 증감하는 소환 공포
휴! 하고 한숨을 뱉다 기겁하고 멈춘다

자비라는 미명들이 봉지마다 넘치지만
웃음 뒤에 가려진 고 계략이 누설됐나
찰바당! 고별사 끝에 집채만 한 파도라니

실외기

새벽에 나가셨다 밤늦게 오시는지
철야인지 노숙인지 무슨 일이 있으신지
아버진 끝내 하루도 집에 들지 않으셨다

보내주신 생활비로 에어컨 빵빵 틀고
바캉스다 호캉스다 호들갑을 떨어대도
당신은 멀찌감치서 그저 그냥 지켜볼 뿐

지척에 피붙이 둔 그리움이 집적대면
더운 숨을 몰아쉬다 제자리를 빙빙 돌다
달빛을 옆에 앉히고 삭이시는 아버지

신화푸드* 이모

내사 마 오늘부로 일본지사 발령 났데이
고무장갑 벗은 손에 습진기가 어린 여자
농조로 뱉은 한숨이 주방 창에 서린다

가서 마 회나 썰고 여기보담 훨씬 낫제 점잖은 신사 들면 가끔 팁도 지를 테고 낯설어 맴은 쓰이는디 워떡하노 따라야제 몇 해 전에 중국에선 고생깨나 했더니라 쐴라쐴라 떠드니께 혼이 쏙 빠져나가데 벨에벨 요리가 다 있어 어안이 벙벙했니라

지나고 보니 그래도 본사가 젤로 편하드만 평생 먹어 안 거슬리제 식구들 가까이 있제 설거지 그깟 거야 뭐 인이 칵 백였으니께 요즘 들어 생뚱맞게 미국지사가 그리우니라 빵부스러기에 우유 한잔 치울 것도 벨로 없고 어깨에 은근한 힘도 한번 실어 볼 테고

비자를 내야겠는데, 참 여권도 있어야제?

* 한·중·일·양식당을 한 건물 내에 각각 두고 종업원을 주기적으로 교차 배치한다.

철사에게

이리저리 휘둘리며 줏대 없이 굴진 말고

요지부동 버티다가 부러지진 더욱 말고

은근히 힘을 주면서 끊어진 데 이으시게

잇다 보면 곧게 뻗어 쉬운 길도 만나고

말리거나 꼬이면서 난관도 부닥치지

가교가 어디 쉬운가, 한통속을 빚는 건데

샤워기

있는 집들 심심찮게 재산 놓고 다툰다지

장남이니, 모셨느니, 저마다 명분 걸고

송사도 남사스럽고 의절도 안쓰럽구먼

손바닥만 한 천수답 골고루 나눠 갖고

흉년이든 풍년이든 웃음꽃 앞세우고

한동네 모여 살면서 선친 유지 받드는 집

3호선 옥수역

한 열흘 퍼붓던 비 잠깐 쉬러 간 사이
참았던 숨 내뿜으며 햇살이 고개 민다
어둠이 익숙할 즈음
손 내미는 하늘 문

황혼에 글을 깨쳐 더듬대는 소리들이
죗값을 다 치르고 출소하는 다짐들이
안대를 벗다가 말고
눈이 부셔 찌푸린다

질끈 감은 양심이나 애써 숨긴 욕심이나
제 발이 절로 저려 엉겁결에 고해하는
옥수玉水에 닿기만 하면
표백되어 맑아지는

상수리나무

주문인지 기도문인지 징소리랑 섞이는디

수리수리 마하수리 수수리 상수리라 심산 야산 지천이라 무수리를 닮은 거이 수라상에 감히 올라 그 이름을 얻은 거이 갈참 굴참 졸참 신갈 떡갈나무 거느리고 풍년 흉년 점치고는 기근 들 때 한껏 여니 굶는 백성 구휼하는 그야말로 애민이라

수리수리 마하수리 수수리 상수리요 요즘 봉께 나라 꼴이 어지간히 어렵당께 들불처럼 번져가는 난리법석 안 보이요 이짝저짝 갈린 패가 거리마다 요동치요 요리조리 숨지 말고 이래저래 빼지도 말고 아 글씨 그 노무 치마는 홀러덩 벗어던지고

술일랑 수리수릴랑
아, 수리랑은 그만 하랑께요!

공복 타령

도립병원 검진센터가 날벼락을 맞어 쌓는디

일자린 하마 짤리고 물가는 다락겉고 현관 앞에 수북허니 독촉장은 쌔여 쌓고 사흘 굶은 시미처럼 날씨마저 얄궂은디, 요 메칠 운수 좋아 인력시장 뽑힌 기라 오랜만에 목구녕에 지름질 좀 나우 치믄 등짝에 붙은 뱃가죽 떨어지겠지 설렜는디

종부세니 금융세니 내 자시는 모른다만 그게 다 있는 넘들 투정하는 소리랑께 복에 게운 지랄이란 걸 대강은 안다니께 뱃가죽이 두둑허니 굶어도 되는 넘 있구 있을 때 먹어 둬야 옌멩하는 넘 있는 뱁인디, 모처럼 먹겠다는디 속 비우고 오란당가 공복이면 배를 째서 오장육부 빼고 올깐? 여그가 벵 고치는 디지 생사람을 잡는 딘가 가당찮은 악다구니를 바락바락 쓰는디도

간호사 애써 웃으며, 워쩔 거냐구? 공복인디!

흉상

묵묵히 일하는 서민 모조리 쫓아내고

말로만 하고

머리 굴리고

밥이나 축내는 상류

며칠째 쫄쫄 굶더니 몰골 참말 흉하다

코르사주

우르르 모여들어 시끌벅적한 행사장
소란에 아랑곳없이 휑하던 앞자리가
드디어 메꾸어지다
가슴마다 꽃 달고

익숙해진 객석은 슬금슬금 조용해지고
어깨에 힘 들어간 지루한 축사 행렬
고 작은 꽃대 하나가
콧대를 높이 세우다

머리가 비든 차든 향기가 있든 없든
일단 꽂기만 하면 묵직해지는 계급장
만장을 좌지우지하는
암행어사 마패 같은

대장동 설화

군에도 못 가본 기 별들의 시상 우찌 알겠노

 옛날 어느 두멧골에 별빛이 부서지면 별 따 달라 조르는 꼬마가 있었니라 동화 속 주인공처럼 당돌하고 맑았니라 꿈은 와 언젠가는 이뤄진다 안카드나 사관핵교 나와서는 우찌 별을 달더니만 보란 듯 네 개나 달고 대장이 되었다카데 대장이믄 수만 병사 목숨줄을 움켜쥔기라 사방에서 줄을 대니 우찌 탈이 안 나겠노 똬리 튼 대장 속에서 구린내가 진동했니라

 덩굴 당긴 고구마처럼 수북하니 드러나도, 사람이 죽어나가도 눈도 깜짝 않는 기라 미꾸리 빠지듯 하니 뱀도 참 허망한 기라 국민, 국민 지껄이는디 궁민으로 안 들리나 궁하면 찾는 백성이 궁민 아니고 뭐라드냐 말로싸 요사를 떠니 패거리가 는다카데 별 하나 더 달고 싶은디 마땅치가 않은 기라 대장 중에 막바지니 막장, 막장 했다는디 막가는 성깔 땜시 고래 불렀다고도 하드만

 대장동 이름 붙은 기 그때부터라 안카드나

경유가 뿔났다

가뿐히 차려입고 사무실 드나들 때
버겁게 한 짐 지고 공사판 떠돌아도
대대로 밑도는 몸값
천형 같은 상놈의 피

거칠게 때운 배가 독한 냄새 토해내면
찌푸린 눈살 너머 독설 실은 손가락질
눈감고 귀도 막으며
쥐구멍만 찾던 당신

모반의 싹이 터서 야금야금 번지더니
머리띠 동여매고 촛불 들고 모이더니
정권이 뒤집어지다
음지가 양지 되다

을의 방백

이기 참말 미쳤나, 가납사니라도 해볼라꼬?

워쩌겄어 생각사록 속이 컥컥 멕히는디 변두리나 맴돌면서 허구헌 날 밟혔잖여 지는 기 이기는 기라 평생 그리 다스렸제 끼리끼리 쑥덕대다 화급허게 입 처닫고 챔견 좀 할라치면 뭐 아느냐 면박 줘도 벌개진 얼굴 돌리며 무릎을 꼬집었당께 갓난 손녀 벵원 가서 노심초사하던 날이라 그날 당한 봉변은 참으로 얼척없었제 워쩔 겨 삼신할미한테 물 떠놓고 빌고 왔는디

이리저리 치이는 디는 이골이 났는 기라 돈이 있나 패가 있나 그렇다고 시가 좋은가 참는 기 장땡이랑께 여지껏 그랬응께 근데 말여 나라 꼴은 아무래도 아닌 기라 사인이야 낭패 보믄 펜한 넘도 생기지만 나라는 여럿이니께, 여럿이 절단나니께

대놓곤 못 지르잖여, 이캐라도 혀야 좀 후련하제

네트

촘촘히 서로 이어 하나라고 외치면서

하나같이 검은 속내 올올이 엮으면서

기어이 두 쪽을 내고 패싸움을 부추기누

비상계엄

금주 금연 물론이고 당분간은 외출 금지
모임 잦은 세모에 내린
어부인의 포고령에
속이야 불이 나지만 이의를 달 수 없데

마흔 줄인 딸아이가 남산만 한 배를 하고
몸 푼다고 온 날부터 옭아매는 온갖 자유
노산에 귀한 손이니
더 묶여도 좋겠데

제2부

담장은 장미네 진지

명자꽃

"밥 안쳤나, 방도 닦고? 막내 곧 올끼구만"
흙 묻은 손 툭툭 털며 솥뚜껑 여는 엄마
눈빛에 성화가 서려 부뚜막이 소란하다

"아직 해 있구먼유, 이제 하면 딱 맞는디?"
푸념 반 시샘 반이 댕기처럼 엇꼬인다
하굣길 막차 문 열자 쏟아지던 알파벳

"얹힐라, 천치 묵어" 사레들린 밥상머리
"뭐하노, 물 떠온나" 애먼 데로 뛰는 불똥
서둘다 엎지른 물이 물색없이 번진다

오라비들 하나같이 빌딩 높이 둥지 틀고
그녀는 쪼그려 앉아 가족사를 쓰고 있다
명자라 밝게 웃어도 붉디붉은 눈시울

입춘

찔러도 피 한 방울 안 날

까칠하기로 소문난 그녀

아예 문 닫아걸고 혼자 끙끙 앓더니만

배시시 눈웃음치며 빼꼼히 내다보다

미쳤나, 아니 홀렸나

머릿속 굴리는 사이

그냥 실실 웃으며 슬그머니 나와 앉다

바깥뜰 홍매 가지가 점점 붉게 번지다

부화뇌동

구름이 높이 오르며 가을이라 일러주다
늦잠 깨어 밖을 보니 잎새마다 울긋불긋
덩달아 가슴 한 구석 단풍 곱게 번지다

등짝이 배기도록 빈둥빈둥 뒹굴다가
앞날 놓고 재어 보면 눈앞이 캄캄해도
그대가 붉게 타들면 그저 따라 환해지다

벼얼

새벽부터 밤중까지 바깥 살림 차려 놓고

행여 어디 탈 날세라 애지중지 보듬으며

만백성 꿈을 키워 낸

별이었지, 당신은

티격태격 물꼬 싸움 소란한 논배미를

두레상에 불러들여 웃음꽃을 피운 그대

아무리 남아돌아도

얼이지, 겨레에 깃든

뿌리

천생 한량 가장에다 주렁주렁 딸린 식솔

바람 불면 넘어질까 깜냥껏 부여잡는다

둥우리 땅속에 틀고

음지서 품 파는 여자

웃자라는 키만큼 사이는 점점 멀어

상사화 팔자 닮아 그리움도 깊겠지만

물리적 거리쯤이야

사랑으로 당겨야지

동병상련

삭신이 쑤신다며 서까래 끙끙 앓기에
마지못해 쳐다보니 슬금슬금 실 뽑는 거미
취한 듯 빙빙 돌면서 한 땀 한 땀 엮는다

설계도 따위 없어도 번듯하니 집이 한 채
재주 많은 놈 배곯는다고 보증금도 없이 들어
허름한 귀퉁이거늘 눈치 슬슬 살피는지

변방으로 밀려나긴 그나 내나 매한가지
어떻게든 살아 내려 속 다 비워 빚은 집을
내 차마 못 걷어 내지, 파리라도 꾀어야지

현수막 가라사대

한 번이 어렵다니께, 둘째부터는 일도 아니제

내사 마 소싯적에는 백옥보다 하얬니라 겉만 우찌 그랬 겠노 속도 참말 순했데이 밖으로 나오는 날은 눈도 지대 로 못 떴니라 자연인인가 뭔가 하는 테레비 프로 안 있드 나 그네들처럼 백혀 있으니 시상 물정 우찌 알겠노 사방 이 번쩍번쩍하니 간이 콩알만 해지데 근데 말여 착해 빠 져도 결기만은 쥐고 있었제 아니다 싶을 때는 이 악물고 버텼으니께 답지를 백지로 내니께 혀를 끌끌 차드만

변해 가는 시월 탓인지 내도 자꾸 물든데이 처음에는 그래도 좋은 쪽만 넘봤었제 잘살자 축하한다 뭐 이런 말 은 괜찮으니께 근데 말여 요즘에는 그런 기 안 통하드만 쌍욕을 걸러 붓고 뻘건 칠을 해 가지고 사변 때 총질해 대 듯 그래야만 살아나니께 뭔노무 자랑질은 또 그렇게 해 쌓는지 뻥튀기맨치로 부풀리고도 눈 하나 깜짝도 안 혀 고개를 빳빳이 들고 백주대로를 활개치니께

내사 마 요래 망가질 줄을 생각이나 했겄냐 말여

뱀이다

이 꼴 저 꼴 죄다 거둬

이 산 저 산 묻어 품고

사사건건 거는 시비 사방팔방 피해 가다

아, 정녕 아니다 싶을 때 따끔하게 놓는 일침

부드러운 몸속에다 곧은 심지 회임하고

차가운 핏속에는 날카롭게 크는 이성

뺄 것만 골라 뺐으니

뱀 아니고 무엇이랴

양파

뿌리란 뿌리 죄다 땅속으로 숨어들 때

당당히 불의에 맞서 지상으로 나온 그대

염천을 이겨 낸 몸속

향기 참 은은하다

모진 고문 견디느라

봉두난발 널브러져도

속 깊이 저민 뜻을 겹겹이 쟁여 두고

의연히 눈 부릅뜨던 기미년의 독립투사

살포

살충제, 살균제에 영양제까지 퍼붓는다

속내를 읽었는지 뙤약볕도 슬쩍 거든다

머잖아 이 밭뙈기는 판세가 바뀌리라

신물 나 돌아서거나 유혹에 흔들리거나

신념을 뒤집는 데가 어디 여기뿐이랴

저마다 눈치 살피다 고추 슬슬 붉어 간다

봄의 어귀

꿈틀대는 꽃망울이 소생을 암시하면
동면처럼 굳은 관념도 전의를 상실한다
외투도 지레 겁먹고 탈출구를 모색한다

버들가지 일렁일렁 부산한 냇가에는
얼음장을 잠식하며 속살대는 물소리
차디찬 내 시심에도 파동이 밀려올까?

향기를 머금기까지 묵언으로 벼려 온 시간
눈보라도 동장군도 침묵 같은 외로움도
공들여 다독인 자리 햇살 톡톡 치근댄다

오월 화투花鬪

찔레며 아카시아 덩치로 위협하면
씀바귀 애기똥풀 드러누워 대거리한다
담장은 장미네 진지
경계가 삼엄하다

영역을 넓히려고 빼앗기지 않으려고
드러낸 색깔마다 가지가지 명분을 달고
꽃마저 싸우는구나
오색 피를 흘리는구나

객기 저리 요란해도 바탕은 다 한통속
푸른 줄기에 피어 제각각 다투면서도
누렇게 같이 물들어
화해할 날 기다린다

법면法面*

높다 하여 조아리거나 낮다 하여 밟지 않고
승강기나 계단처럼 사람 발길 가까이 않고
어느 절 와불을 닮아 엷은 미소 흘리는 곳

바람과 눈비가 키운 들꽃이나 받들면서
법 없어도 살 법한데 이름자에 붙은 뜻은
비워야 허가한다는, 출입증에 새긴 부관

높은 데만 눈길 두며 수직으로 뛰어올라
힐끔힐끔 내려보며 현기증도 다스렸지만
경사가 완만하거늘 첫걸음도 못 떼는 곳

---

* 둑의 경사면. 호안(湖岸) 또는 땅깎기 따위로 생기는 경사면.

빙판

백옥 같은 피부에다 맘씨도 곱더니만

걸음새도 가만가만 숫기조차 없더니만

못 간다, 발악을 떨며

길바닥에 드러눕네

한 인연 끝내기가 쇠심보다 질기네

밟히고 눌릴수록 불끈불끈 솟는 오기

한세상 바꿔 가는 길

달라붙는 저 집착

클러치 상실 시대

너를 한번 밟으면 잔설 녹아 꽃이 피고
가다가 다시 밟으면 그 꽃이 열매를 맺고
밟으면 밟을 때마다 형형색색 사계 열었다

겨울 지나 봄을 거쳐 여름으로 가는 길목
밟는 대로 내달리다 꽃구경을 늘 놓친다
질주에 익숙한 요즘 계절 감각 흐릿하다

금세 여름이라고, 봄은 이제 사라졌다고
이게 다 온난화 탓이라고 호들갑을 떨지만
어쩌면 자동 기어가 숨 고를 줄 몰라서다

춘태만상 春態萬象

사르르 살랑살랑 들썩들썩 꿈틀꿈틀
삐죽빼죽 새록새록 푸릇푸릇 불긋불긋
콩다콩 쿵더쿵쿵더쿵 싱숭생숭 기웃기웃

주어 술어 따돌리고 부사어만 부산한 봄
무게 잡는 삼강오륜 골방에나 가둬 놓고
맘대로 칠정을 골라 동행해도 괜찮으리

제3부

꼭 집어 아니 말해도

물아일체

정체 구간 감지하고 내비* 노선 붉어진다

꼼짝 않는 길 위에서 내 얼굴도 핏대 선다

도로는 아닌 척해도

피 울음을 쏟을 터

* 내비게이션.

체온에게

당신이 잘나가면 반색할 우리 사이

오를수록 화가 나고 열받아 축 처져요

죽도록 사랑한단 말 왠지 자꾸 걸리네요

형편이 비슷할 때 우리 참 좋았지요

있는 듯 없는 듯해도 늘 손잡고 걸었어요

자존심 상하더라도 내려올 순 없을까요

과대망상

사위 본 답례 인사로 시집을 우송하다가
주소를 알 수 없어 카톡으로 물어보다
시집을 보내려 하니
주소 좀 알려 달라고

분명히 읽었는데 응답이 없는 걸 보면
아무래도 무언가 오해가 생겼나 보다
한 번에 여의면 될걸
욕심이 과하다거나

손주 손녀 다 봤어도 혼자된 지 오래되니
철이 바뀔 때마다 등짝이 시리다더니
아, 설마 저한테 보낼까
들떠 있는 건 아니겠지?

삽화

당신의 애절한 맘 미처 잘 몰라줄 때

살며시 다가가서 옆구리 콕 찌를게요

꼭 집어 아니 말해도 알아듣게 할게요

팝업창

여기저기 퇴짜 맞고 시름만 보태 돌아오니

어찌 그 맘 헤아리고 맨발로 뛰어나와

온 아양 다 부려 가며 호들갑을 떠시나

밑줄

버리고 가지 말라고 싹싹 빌며 매달려도

평소에 너무 소홀해 더는 함께 못한다네

하나둘 놓을 황혼에 악착같이 움켜쥐네

결핍

꽃등심에 제철 음식

갖은 보약 다 먹고도

저승 문턱 넘나들며 정밀 진단 받아보니

한 번도 바른 마음은 먹은 적이 없다네

투시

치매 검사 받으러 어머니와 동행한 날
보건소 창구에서 용무를 얘기하니
두 분 다 받으실 거죠, 영혼 없이 화답하네

뻘쭘하여 쳐다보며 아, 그게… 말끝 흐리니
신분증 제시하라며 누가 먼저 할 거냐 묻네
염색을 오래 띄워서 부부인 줄 알았을까?

아무리 백발이기로 설마 그리 짚었으랴
아마도 그 선생은 내 속을 환히 본 게다
시심이 케케묵은 걸 에둘러 꾸짖는 게다

카브라

끝이고 밑이라고 주눅 들지 말 일이다

중산층은 고사하고 바닥으로만 겉돌아도

빳빳이 다림질하고 치켜뜨는 저 자존

패딩 상소문

다른 새들 마음껏 창공을 비상할 때

허황한 꿈 억누르고 겸손하게 낮추면서

묵묵히 주인을 위해

뒤뚱대며 보낸 전생

죽어서라도 자유롭게 훨훨 날려주지

촘촘히 박음질한 감옥에나 가뒀다가

혹독한 북풍한설에

방패로나 내몰다니

 설치다가

  과속 방지 표지판이 앞길 막고 시비 거는디

  제집 찾아 들었는디 워찌 이리 놀란당가 허구헌 날 엿들었다 동네방네 소문내고 애써 지은 남의 곡석 야금야금 갉아먹고 설치고 돌아치며 단잠이나 설쳐 놓고 시궁창마다 드나들며 갖은 모사 다 꾸미니 암만해도 쥐 아니요 영락없는 쥐새끼랑께 겨드랑이 사타구니에 의뭉허니 감춰둔 게 표주박은 아닐 테고 쥐젖 아니면 무엇이오 물증도 자명하거늘 우긴다고 통하겠소?

  여그가 그 동네라요 끼리끼리 잘 사시오!

펑크 나다

번지르르 겉치레해도 시샘 한 번 안 하더니

발바닥 부르터도 군말 한 번 없더니

속으론 끙끙 앓았나,

할복하고 누우시다

목차

내시경 집어넣고 요리조리 안 살펴도

손목만 살짝 짚어 아픈 데 찾는 명의

궁금증 들 새도 없이 시원스레 일러주다

외도하다

전화하려, 검색하려 휴대폰을 켤 때마다
숙제처럼 쌓여 있는 애플 위의 알림 숫자
궁금해 확인하다가
길을 잃기 일쑤다

숙제를 다 마치고 휴대폰도 밀쳐 두고
한참 지나 떠오르는 당신을 찾던 이유
멋쩍게 손을 내밀며
머리를 긁적인다

갈 길 바로 가기가 절대 쉽지 않은 세상
무심코 곁눈질하면 반드시 한눈파는 법
정신 줄 단단히 잡고
유혹을 내칠 일이다

랜섬웨어

산통 끝에 빚은 자식 오손도손 사는 집안

잘난 놈도 못난 놈도 천금보다 소중한데

날강도 심통 떨더니

송두리째 앗아 가다

겉으론 멀쩡한 집 들어가면 텅텅 비어

물길에 쓸려 갔나, 불길에 사그라졌나

목 놓아 불러 보아도

메아리만 돌아오다

제4부

황혼길 명석한 동행

줄초상을예?

서둘러 가다 보이 애장갑愛掌匣을 잃었니라

　입동 들기 무섭기 득달겉이 달러붙어 바람 차거나 눈보라 치거나 온몸으로 막어 내고 찝찝허고 꺼림직헐 때 앞장서서 정리허고 그렇기 쌓인 정이 바다처럼 짚었는디 마누래 콧소리보담 더 살갑기 감겠는디 그랴서 애지중지로 신주처럼 받들었는디

　하필이믄 그날따라 선배 시인을 만났니라 시답잖은 시론허고 요지겡 속 시국 땀시 이야저랴 빈 술뼁만 목로 까뜩 넘치는디 그 선배 눈물 훔치며 유엔이라 쏟는 기라 나 이제 십 년 남짓 길어야 십수 년이께 갈 때는 홀랑 태워 고향 바다에 뿌리라니라 시비니 나부랭이니 흔적도 지우라니라 와요, 와요 되묻다가 암요, 암요 답해 놓고 돌아서서 생각허니 헛웃음이 나는 기라 신주처럼 받든 장갑도 창졸간이 떠났는디 그나 내나 백발인디 뉘가 먼저 갈 줄 얼고 초상 막 치렀는디 또 이벨을 하란 기라

　창새기 끊어지는디 소금을 뿌리는 기라

유치권 행사 중

짓다 만 건물 벽에 현수막 펄럭인다
자금이든 기술이든 미완의 애물단지
살아갈 집을 짓다가 놓친 게 있나 보다

그런 집을 겁도 없이 몇 채나 지었구나
익지 않은 시어들을 우격다짐 밀어 넣고
번드레 시집이라고 눈꼴시게 나댔구나

속정續情

고봉밥 반쯤 남을 때 긴장감은 최고조다
손놀림 어눌하다고 방심하다 늘 당하다
한 술은 정이 없다며 다시 또 한 숟가락

요새 누가 굶느냐며 제발 좀 그만하라고
밥상을 전선 삼아 공방이 치열하지만
재래식 무기뿐인데 여지없이 함락되다

입맛이 깔깔하여 께적거리는 아침상에
사진 속 어머니가 '어여, 어여' 채근하다
치미는 목구멍 달래 꾸역꾸역 삼키다

쓰레기론

쓰다 쓰다 버린 시가 폐지되어 수북하고
먹다 먹다 남긴 음식 잔반되어 넘쳐나고
쓰레기 그들 세상도
품격 사뭇 다르다

미미하나 폐지에는 문자 향기 어릴 테고
보나 마나 잔반에는 부패 악취 진동할 터
쓰레기 저세상에도
천당 지옥 다 있겠지

시인입네 탈을 쓰고 쓰는 일에 게으르고
아귀가 붙었는지 먹는 데만 힘썼으니
쓰레기 처리장에서도
골치깨나 썩겠네

이백삼홍 二白三紅

혼자서 술 먹는 법 코로나에게 배우다가
학창 시절 지나친 걸 고희 앞에 깨닫는다
머리가 못 풀던 문제
몸이 바로 알아낸다

두 잔을 넘어서면 어김없이 붉는 얼굴
겨우 한 잔 더하거늘 봐주는 일 한 번 없이
기어코 술 마신 티를
동네방네 드러낸다

넘치면 못쓴다고, 욕심을 거두라고
귀가 따갑도록 듣고 보며 익혔어도
머리를 앞지른 몸이
마음마저 다스린다

진퇴양난

꿰뚫어 볼 눈에는 백내장 희뿌옇고
시상 깨울 머릿속은 오락가락 희미하고
열정이 들끓을 가슴 그마저도 싸늘하고

시랍시고 쓸지 말지 종합검진 받아보니
거죽만 멀쩡할 뿐 속은 온통 상했다며
더 두면 큰일 난다고 절필을 처방 내다

이력서

아버지의 눈빛이 엄마에게 머물면서
출토된 유물처럼 내 이력도 꿈틀댄다
한 생애 지난 좌표가 박물관에 걸린다

돌처럼 순수했던 유년을 돌아보면
비사치기 공기놀이 편을 갈라 견주어도
웃음꽃 잔돌에 피운 석기시대 언저리다

가슴속 푸른 꿈이 활활 타던 청년기는
질풍노도 다스리고 사리를 분별하며
양심도 구릿빛이던 청동기시대 즈음이다

이리저리 치이면서 벼랑 끝에 몰린 지금
뾰족하게 날 세우고 무쇠 녹여 방패 들고
앗아야 맘이 놓이는 철기시대 무렵이다

AI에 챗지피티 세상 온통 첨단인데
박제된 선사시대 에헴 하는 이력서를
어디서 받아주려나 화성에나 내볼까

명석한 부부

내 귀에 매미 들어 사시장철 울어대고

아내 귓속 돌 떨어져 밤낮없이 흔들리네

이명도 이석도 모두 성가시긴 매한가지

내 귓속이 소란하면 아내가 다독이고

아내가 비틀대면 내 손 건네 잡아주네

황혼길 명석한 동행 저녁놀이 앞장서네

번데기

병치레며 반항이며 입시며 취업이며

굽이굽이 넘어가며 한 줄 한 줄 새기다가

이승을 벗어나고야

긋기를 멈춘 엄니

감진고래 甘盡苦來

짠맛 신맛 다독거려 다디단 상 차리시다

쓴 일 매운 일 마주하며 입에 단내 풍기시다

내줄 게 더는 없는지

단 오줌을 지리시네

만학

동네 의원 시립병원 마침내 대학병원
한글 깨친 아버지 늦공부에 불붙었다
저러다 박사 받으러 바다를 건너시려나

공부가 뭐 대수라고 자꾸 밖을 탐하시나
감자 고추 크는 텃밭 풀매기도 공부거늘
상머리 푸근한 대화 박사보다 값지거늘

요즘 같은 인터넷 시대 집에서도 배우는데
코로나 극성떠니 바깥출입 삼가라는데
얼마나 더 배우려고 자식들을 조르시나

해탈

식당을 나서는데 달랑 남은 신발 한 켤레
무심코 신고 보니 헐거운 게 이상하다
고의는 아닐 것이고 둔감하기 돌부처다

어쩌나, 난감하여 멀뚱히 하늘 보는데
'신어야제 워쩔 껴, 업둥이라 여겨 살어'
실없는 식당 여자가 뒤통수에 갈기다

연락처 남겨 놓고 터벅터벅 돌아와서
며칠을 기다려도 무더위만 기승부려
애꿎은 신발만 보면 눈엣가시 절로 돋다

남의 자식도 몇씩 거둬 살갑게 보듬는데
그깟 신발 한 켤레쯤 어떡하면 정 못 주랴
구두약 잔뜩 바르고 침 튀기며 문지르다

출간

가뭄 끝에 태풍 와서 됨새 꽤나 나쁜 가을

주문량 맞추려고 차곡차곡 궤짝 채우다

작거나 흠집 난 놈도

슬그머니 끼워 넣다

반지르르한 포장 열며 입가에 번지던 미소

중간쯤 내려가서 욕설로 바뀌더라도

눈감고 귀 틀어막다

완전범죄 꿈꾸다

평론

겉으론 멀쩡한 환자 진찰대에 뉘어 놓고
청진기를 짚다가 배를 꾹꾹 누르다가
한참을 망설이더니
미련 없이 툭 뱉데

아무래도 CT 찍고 다시 한 번 봐야겠다며
어쩌면 큰 병원 가서 수술할 수도 있겠다데
이러다 죽는 거 아녀?
가슴이 철렁하데

속도 어지간하고 기운도 그럭저럭한데
그런데 희한하데, 그 말에 힘이 쪽 빠져
의사가 용킨 한가 보데
없던 병도 잡아내니 말여

일장춘몽

'허허, 팔자 폈네, 신수가 훤하네그려'
빈말인 줄 알면서도 은근히 듣기 좋데
볼살이 통통해지니 어깨마저 으쓱거려

'아니, 부은 거 아녀? 어째 쪼까 이상혀'
뭔 눈이 그러냐며 애써 깔아뭉갰구먼
기어코 부작용이랴, 문페이스* 라나 뭐라나

약 끊으니 삭신 쑤시고 붓기 빠지니 빈티 나고
어쨌든 그때 잠깐이 젤로 행복했구먼
제기랄, 그 환한 벚꽃 비바람에 다 떨구네

* 스테로이드 과다복용으로 얼굴이 달처럼 둥글게 붓는 현상.

제5부

기죽은 어깨 너머로

공방

토닥토닥 두드리면 앙알앙알 대꾸하다

조물조물 주무르면 삐질삐질 빠지다가

가벼이 치고받으며

새 생명을 빚는 성소

좌고우면

 난데없는 갈림길이 시험에 들게 하는디

 태극기 날려봤나, 촛불 한번 들어봤간? 양당 간에 뭣이냐고 윽박지르니 워쩌겠어? 아 글씨, 아 글씨 하며 말끝 흐리던 광장에서

 국회로 가야 하나 당사를 찾아갈까 찬성표를 던질까 암만해도 반대표지 그도 저도 다 관두고 슬그머니 기권표를? 요리조리 가늠하다 이쪽저쪽 다 문 닫고 줄커녕 물타기마저 머쓱하게 놓치던 날, 왜 하필 그때를 골라 김장 판을 벌였겠다

 여름내 요상한 날씨로 배추가 늦된 탓에 한 달여나 늦어져서 추위마저 보태는디 무채 쪽파 생강 마늘 갖은양념 버무릴까 김치통이나 슬슬 옮기는 뒷손질이 좀 쉬울까 슬금슬금 눈치 보며 잔머리가 핑핑 돌 때 뭐하노! 퍼뜩 온나, 주머니엔 거 뭐꼬? 앙칼진 성화에 놀라 엉겁결에 꺼내는디

 왼쪽엔 고무장갑이요, 오른쪽은 면장갑이더랑께

절절매다

절절한 사연 풀러 절집 마당 들어서니

절도 있는 어조 섞어 절 탑이 훈계하네

절이란 꿈도 못 꾸는

절박한 나 좀 보게

절치부심 칼을 갈며 절실한 적 있었는가

절벽처럼 맘을 닫고 절구를 빚겠는가

절대로 절을 마시게

절 근처도 얼씬 말게

방향을 읽다

남편을 서방이라 하고 동태, 북어 한 몸이면

남과 북 대치 국면도 좌우 논쟁도 부질없다

한 형제 데리고 살면

서로서로 동서 아니냐

소리 점고

잘난 소리 상 준다니께 이 소리 저 소리 모여드는디

뜬금없는 딴소리 미덥잖은 헛소리 허풍 떠는 흰소리 이치 그른 선소리 맘 상하는 개소리 억지 쓰는 생소리에 주눅 드는 큰소리 함부로 뱉는 막소리 쓸데없는 군소리 달갑잖은 잔소리 싱거워 빠진 객소리 돌아서 씹는 뒷소리라

귓불을 쫑긋해도 기척 없는 소리 있는디 빈틈없는 똑소리 약이 되는 쓴소리 맞장구치는 한목소리 사심 없는 제소리에 만선 기쁜 썰소리 새벽 알리는 횃소리 신명 나는 판소리 구슬리는 우스갯소리 젖먹이 입가에 맴도는 맑디맑은 놀소리라

잡소린 다 꺼지랑께 찍소리도 내덜 말고!

추락

밥심으로 산다느니

밥이 보약이라느니

이러고 보면 분명 밥은 우상이거늘

밥값도 못하는 놈이

꼴값 떨다

'밥맛'이다

엉터리 작명소

사주팔자 뺨치는 기 이름이라 안카드나

월악산 아래뜸에 물맥이골이라 있었다카데 산그리메 어른댄다는 소문이 흉흉하드만 큰 댐이 맹글어지믄서 물귀신이 됐는 기라 고즈넉한 비상리는 날고 뛰는 기 일상이라 뱅기 가믄 새떼가 좇고 아들도 따라뙜제 거그에 공항이 생기니 천지개벽 아이드나 도리를 우러르라꼬 맹근 이름이 고도리라 커가믄서 엇나가드니 타짜가 되었다는디 도리를 알아 그랬나 웬만큼은 돌려준다데

섰다니 고스톱이니 심심하믄 가끔 하제 밥도 사고 개평도 주고 따는 날은 그래 한데이 혼자만 꿀꺽했다간 다시는 안 껴주니께, 듣자니 서양노름은 인정사정 없다카데 하트니 스페이드니 클로버니 여럿 있는디 뭉뚱그린 고 이름이 트럼프라고 한다드만 트럼프가 누구드나 시상을 뒤집잖드나 무대뽀로 목을 죄고 피도 눈물도 읎다드만 패를 좀 봐야겠는디 럭비공 같으니 걱정인 기라

이름을 각 바까삐리까? 트루뜨truth나 트로트trot라꼬!

달달

이력서 쓰는 손 주눅 들어 달달 떨고

기죽은 어깨 너머로 마누라 달달 볶고

다달이 독촉 고지서 속절없이 쌓이고

아무리 달달 외워도 번번이 낭패하고

폐지 실은 손수레 달달대며 숨이 찬데

때마다 달달한 입맛 죽순처럼 번지다

사진과 오진

있는 그대로, 사실대로 말해줘요

하나라도 더 보태면 정말로 큰일 나요

이래서 과유불급인가

간절하니 깨치다

박 타령

호박 같다 입 떼려다 함박이라 발림하니
쪽박 차고 쫓길 판에 한 상 가득 대박이라
도박도 이런 도박은 타박해서 무얼 하랴

면박 구박 자꾸 해야 피박 맞기 십상이고
외박 야박 좋아하다 소박 팔자 뒤따를라
천박은 박박 긁어내고 질박 해박 들여라

이만은 꼭 하시게

처자식 거두느라 삭을 대로 삭은 시인
앞니마저 훤히 빠져 잇몸으로 오물대며
얼마나 더 살겠냐며
그냥저냥 버틴다데

젊어서 튼튼할 땐 아끼느라 못 씹어보고
웬만큼 살게 되니 이가 없어 못 씹다니
씹어야 맛이라는데
오물오물 뭔 맛일까

죽도록 일만 해서 이골도 났겠으나
이제는 즐기면서 내려놔도 좋으련만
내 나이 어때서라며
술잔에 앉는 유행가

아무리 남 일이라도 보다 못해 치밀어서
그 자식들 불러 놓고 농반진반 에두르다
일일랑 안 해도 되나
이만은 꼭 하시게

몰염치

적당히 간이 배야

조금은 짭조름해야

그래야 반찬으로서 지당한 도리거늘

소금도 안 걸친 갈치

활개 치는 건강 식단

신앙심의 묘한 어원

원한과 분통 섞어 야무지게 다진 앙심도

당신을 뒤따르면 봄눈 녹듯 풀립니다

신통력 간증하시니 그야말로 신이십니다

끝내주다

하나라도 줄어들라 있는 힘껏 움켜쥐고

매달리는 숱한 애원 질끈 감고 버티다가

아, 끝내 주고 나니까 기분 참 끝내주데

번아웃 내력

초등 때 청소 당번 신입 시절 커피 당번

주간 야간 번갈아 맡던 경비마저 다 잘리고

이력서 번질나게 내도

퇴짜 놓네, 번번이

상견례

멀수록 더 좋다는 사돈을 만난 자리
그것도 과년한 딸 혼수조차 허름하여
공판정 미결수처럼 바들바들 떨리다

'상견녜, 상견녜' 하며 속으로 되뇌면서
행여나 긴장하여 '상결례' 하면 어떡하나
입술을 오물거리고 혀끝도 마냥 굴리고

버티다 버티다가 투항하며 터진 말문
조심조심 꺼내면서 정신 줄을 잡고 보니
저쪽서 오는 말에도 식은땀이 서리다

독문독설讀文毒舌

　누구한테 부탁하지? 시보다 앞선 걱정은 해설이었다. 옷이 날개라는데, 알맹이가 어설프니 포장이라도 예쁘게 할까? 어쭙잖게 시집이라고 내면서 고민이 많았다. 시집을 내고 나면, 이런저런 뒷말이 붙는다. 평소에 따갑게 매를 대는 지인이 있다. 그래야 더 성숙해진단다. 옳은 말이다. 쓴 약이 몸에 좋다니 달게 받곤 했다. 이참에 잘됐다 싶어 독설을 청탁하니, 글로써는 곤란하다며 꼬리를 내린다.

　불똥은 애먼 곳으로 튀었다. 함께 시조를 공부하는 동료 시인들에게 청탁 아닌 압력(?)을 넣었다. 작품을 들고 와 매달 한 차례씩 합평회를 여는, 청주 사는 '나래시조' 회원들이다. 윤상희, 윤현자, 정형석, 강성원, 이남숙 시인과 필자 등 여섯이다. '이것도 서로서로 공부니까, 솔직하고 신랄하게 비판해달라'고 주문했다. 시인마다 생각이 다르니까 괘념치 말라고, 통사정했다. 실명 노출이 부담스러우면 익명으로 처리한다고, 돌파구도 열어놨다. 다섯 부로 나누어 각각 한 부씩을 맡고, 다섯 편 내외를 다루기로 했다.

　기대는 늘 허망하다. 철석같이 믿었지만, 파도처럼 부서졌다. 발등을 찍은 금도끼가 봄꽃보다 화사하다. 하기야 남의 작품을 대놓고 칼질하기가 어디 쉬우랴. 그래도 군데군데 시퍼런 날에 베이는 쾌감을 맛볼 수 있어서 다행이다. 도려낸 환부에서 새살이 돋고 막혔던 피가 돌리라. 부담을 안겨드린 다섯 시인께 죄송하고, 또한 감사하다.

원관념에서 너무 멀어진 은유와 상징

윤상희

　김선호 시인과는 충북도청 재직 당시부터 친분이 있다. 필자도 김 사백도 등단하기 이전이다. 시를 씁네 하며 어울린 세월이 30년을 훌쩍 넘어섰다. 같이 먹어 치운 소주병만도 수백 상자가 넘을 터다.

　그런 김 사백이 곤혹스러운 주문을 해왔다. 시집 말미에 몇몇의 독설을 싣기로 했으니 원고를 달란다. 좋은 말도 쓰기 어려운데 어떻게 험담을 하느냐고, 몇 번을 거절했다. 김 사백은 집요했다. 여섯이 모이는 합평회 회원 모두 동참하니 꼭 해야만 한단다. 특히 나는, 김 사백보다 문단 선배에다 연배이니 그야말로 독설다운 독설을 퍼부으라는 조건도 달았다. 내칠 수 없는 상황임을 전제하고, 몇 마디 고언을 해본다.

　　한 열흘 퍼붓던 비 잠깐 쉬러 간 사이
　　참았던 숨 내뿜으며 햇살이 고개 민다
　　어둠이 익숙할 즈음
　　손 내미는 하늘 문

황혼에 글을 깨쳐 더듬대는 소리들이

죗값을 다 치르고 출소하는 다짐들이

안대를 벗다가 말고

눈이 부셔 찌푸린다

질끈 감은 양심이나 애써 숨긴 욕심이나

제 발이 절로 저려 엉겁결에 고해하는

옥수玉水에 닿기만 하면

표백되어 맑아지는

—「3호선 옥수역」 전문

일반적으로 시제詩題는 시안詩眼이라 한다. 제목에서 내용을 유추할 수 있음을 이름이다. 그런데 이 시에서 제목은 아무리 생각해봐도 생경하다. 비, 햇살, 어둠, 하늘과 같은 보편적인 시어들이 옥수역과 어떤 연관이 있는지를 모르겠다. 황혼에 글을 깨치거나 출소하는 죄수들이 등장하는 상황은 더 가관이다. 물론 은유나 상징은 시를 쓰는 과정에서 중요한 방법론이다. 그렇지만 감춰진 원관념과의 거리가 너무 멀면 독자의 외면을 받는다. 3호선에서 옥수역만 지상에 존재한다는 점에 착안했다는 김 사백의 설명을 듣고서야 다소 이해는 됐지만, 일일이 독자에게 다 설명할 수 없다는 점에서 아쉽다는 생각은 떨칠 수 없다.

군에도 못 가본 기 별들의 시상 우찌 알겠노

옛날 어느 두멧골에 별빛이 부서지면 별 따 달라 조르는 꼬마가 있었니라 동화 속 주인공처럼 당돌하고 맑았니라 꿈은 와 언젠가는 이뤄진다 안카드나 사관학교 나와서는 우찌 별을 달더니만 보란 듯 네 개나 달고 대장이 되었다카데 대장이믄 수만 병사 목숨줄을 움켜쥔 기라 사방에서 줄을 대니 우찌 탈이 안 나겠노 똬리 튼 대장 속에서 구린내가 진동했니라

덩굴 당긴 고구마처럼 수북하니 드러나도, 사람이 죽어 나가도 눈도 깜짝 않는 기라 미꾸리 빠지듯 하니 뻡도 참 허망한 기라 국민, 국민 지껄이는디 궁민으로 안 들리나 궁하면 찾는 백성이 궁민 아니고 뭐라드나 말로싸 요사를 떠니 패거리가 는다카데 별 하나 더 달고 싶은디 마땅치가 않은 기라 대장 중에 막바지니 막장, 막장 했다는디 막가는 성깔 땀시 고래 불렀다고도 하드만

대장동 이름 붙은 기 그때부터라 안카드나
—「대장동 설화」전문

김 사백은 여러 편의 사설시조를 통해 세태를 풍자한

다. 시절가조時節歌調라는 시조 본연의 취지에 부합하려는 점은 높이 살 만하다. 사설시조니까 아마 맛깔을 더하려고 일부러 사투리를 구사한 걸로 보인다. 사투리는 지역 사회의 문화적 영향에 의해 발생한, 그 지역 내에서의 언어변형이다. 경상도, 전라도, 충청도 등 지역마다 특유한 형태가 있으므로, 사투리를 구사할 때도 언어의 통일성을 중시해야 한다. 그런데 자세히 보면, 경상도와 전라도, 충청도가 혼재한 느낌이다. '~카데, ~디, 땀시'가 그 예다.

　도립병원 검진센터가 날베락을 맞어 쌓는디

　일자린 하마 짤리고 물가는 다락겉고 현관 앞에 수북허니 독촉장은 쌔여 쌓고 사흘 굶은 시미처럼 날씨마저 얄궂은디, 요 메칠 운수 좋아 인력시장 뽑힌 기라 오랜만에 목구녕에 지름질 좀 나우 치믄 등짝에 붙은 뱃가죽 떨어지겄지 설렜는디

　종부세니 금융세니 내 자시는 모른다만 그게 다 있는 넘들 투정하는 소리랑께 복에 게운 지랄이란 걸 대강은 안 다니께 뱃가죽이 두둑허니 굶어도 되는 넘 있구 있을 때 먹어 둬야 옌멩하는 넘 있는 벱인디, 모처럼 먹겄다는디 속 비우고 오란당가 공복이면 배를 째서 오장육부 빼고 올깐? 여그가 벵 고치는 디지 생사람을 잡는 단가 가당찮은

악다구니를 바락바락 쓰는디도

간호사 애써 웃으며, 워쩔 거냐구? 공복인디!
─「공복 타령」 전문

김 사백은 요즘 《코리아아트뉴스》에 '김선호의 時부렁 調부렁'이라는 이름으로 사설시조를 연재하고 있다. '시부렁조부렁'이라는 조어에서 암시하듯 세상에 대한 부조리와 불만을 얘기하려는 듯 보인다. 「공복 타령」에 대한 시인의 해설을 보면, 최근 공무원 응시율 연속 하락을 계기로 공직사회의 어려움을 대변하려 썼다고 했다. 공복公僕과 공복空腹의 동음이의어를 통해 익살을 자아내려 한다. 물론 문학이 무슨 얘기든지 할 수 있지만, 과연 시에 등장하는 만큼의 억지 민원이 존재할지는 모르겠다. 지나친 과장은 아닐까 하는 아쉬움이 남는다.

다항식처럼 자유는 인수분해가 까다롭다
납치 구금 순종 같은 인수들로 엉키다가
풀리면 거들먹거리며 맨 앞줄에 앉는 생색

풀려나는 길목마다 함수 계산 한창이다
설렘의 농도만큼 증감하는 소환 공포
휴! 하고 한숨을 뱉다 기겁하고 멈춘다

> 자비라는 미명들이 봉지마다 넘치지만
> 웃음 뒤에 가려진 고 계략이 누설됐나
> 찰바당! 고별사 끝에 집채만 한 파도라니
> ─「방생放生과 방생防生 사이」전문

시집의 맨 앞에 등장하는 시는 시인이 나름대로 만족하고 아끼는 시일 터이다. 처음 만나는 시를 가타부타하는 것이 부담스럽긴 하다. 이 시는 방생의 인위적인 모순을 질타하는 것으로 읽힌다. 하지만 첫 줄부터 너무 어렵다. 자유를 인수분해하다니, 시집의 제목이기도 한 이 시어가 신선한 면도 있겠지만, 생경함을 앞세운다. 더욱이 납치, 구금, 순종 같은 섬뜩한 시어들을 동원해야만 했을까, 아쉽다.

> 금주 금연 물론이고 당분간은 외출 금지
> 모임 잦은 세모에 내린
> 어부인의 포고령에
> 속이야 불이 나지만 이의를 달 수 없데
>
> 마흔 줄인 딸아이가 남산만 한 배를 하고
> 몸 푼다고 온 날부터 옭아매는 온갖 자유
> 노산에 귀한 손이니

더 묶여도 좋겠데

　　　　　　　　　—「비상계엄」전문

　비상계엄은 끝났지만, 아직도 혼돈은 진행형이다. 경제가 그렇고 안보와 외교가 그러하다. 세상을 떠들썩하게 한 비상계엄을 겪으면서 선입견이 있었던 걸까? 제목이 너무 과장됐다는 생각이 든다. 물론 인구절벽 시대에 손주 하나라도 늘리는 게 국가적 과업이긴 하다. 거창한 얘기일 줄 기대하다가 지엽적인 가정사가 펼쳐지니 맥이 풀린다. 이것도 반전이라면 반전일까?

　본의 아니게 김 사백의 시편들을 놓고 생트집을 잡았다. 본인의 강력한 요청이라 하더라도 주제넘었다는 생각을 떨칠 수 없다. 몇 차례 고사하면서 얘기했듯, 사실 김 사백의 시편들은 버들가지처럼 낭창낭창 휘청대는 절창이다. 상재를 축하하며 문운이 가득하길 소망한다.

윤상희 1992년《월간문학》신인상, 시조집 『하늘 쪼는 소리』 외

기발한 상상과 뜬금없는 생경 사이

윤현자

　김선호 시인이 시조집 『자유를 인수분해하다』를 출간하면서 이번 시조집에 대한 독설毒舌을 청해 왔다. 입에 발린 달달한 평은 절대 사절한다는 게 첫째 조건이다. 1990년대 중반, 같은 시기에 등단하여 김 시인의 작품을 많이 봐왔던 터라 어렵지 않겠지 생각했지만, 독설毒舌이라는 난제 앞에서는 적잖이 난감해졌다.
　김선호 시인은 『창공에 걸린 춤사위』를 시작으로 『공생시대』, 『섬마섬마』, 『으밀아밀』을 출간하고 이번에 다섯 번째 시조집 『자유를 인수분해하다』를 출간하는 중견 시인이다. 그간의 시조집에서도 그랬듯이 시집 제목부터 그의 신선한 시 세계를 반추할 수 있다.
　김 시인의 시조는 생활 속 소재에 풍자를 더해 여타의 시조에서는 볼 수 없었던 색다른 재미를 느낄 수 있다. 남다른 상상력과 율격 구사가 기존 시조들이 주지 못하는 긴장감도 준다. 하지만 익숙하지 않은 그것들이 가끔은 생경스러울 때도 있다.
　시조는 어렵고 전근대적 문학이라는 인식이 사회 전반

에 팽배해 있어서 시조의 독자층이 두텁지 못한 게 현실이다. 독자 입장에서 이해가 어렵고 생경하면 다가가기가 더 어려울 수 있을 것이다. 그래서 그의 기발한 상상은 큰 장점이면서 단점이 될 수도 있을 것이다. 그런 입장에서 본 김 시인의 작품 몇 편을 열거해 본다.

"밥 안쳤나, 방도 닦고? 막내 곧 올끼구만"
흙 묻은 손 툭툭 털며 솥뚜껑 여는 엄마
눈빛에 성화가 서려 부뚜막이 소란하다

"아직 해 있구먼유, 이제 하면 딱 맞는디?"
푸념 반 시샘 반이 댕기처럼 엇꼬인다
하굣길 막차 문 열자 쏟아지던 알파벳

"얹힐라, 천치 묵어" 사레들린 밥상머리
"뭐하노, 물 떠온나" 애먼 데로 뛰는 불똥
서둘다 엎지른 물이 물색없이 번진다

오라비들 하나같이 빌딩 높이 둥지 틀고
그녀는 쪼그려 앉아 가족사를 쓰고 있다
명자라 밝게 웃어도 붉디붉은 눈시울

—「명자꽃」 전문

'명자꽃'이라는 꽃 이름에서 유추해온 한 가정의 가족사가 보인다. '아들보다 딸이 낫다'라는 요즈음의 관점에서 보면 격세지감이 들기도 하지만 60년대, 70년대를 살아온 시인은 그 시절의 명자를 눈에 보일 듯, 한 편의 시로 펼쳐 놓았다. 지금 아이들 이름에선 거의 찾아볼 수 없지만, 그 시기 학교에서나 마을에서 흔히 볼 수 있던 이름 명자! 아마 시인의 누이일 수도, 동네 친구일 수도 있겠다.

첫 수부터 세 수까지 읽는 동안 그 어느 곳에서도 명자꽃은 찾아볼 수가 없다. 마지막 넷째 수 종장에 가서야 명자꽃을 만난다. '쪼그려 앉아 가족사를 쓰고 있는, 밝게 웃고 있어도 붉디붉은 눈시울의 명자꽃!' 넷째 수 종장의 대반전이 이 시의 커다란 매력이다. 이 땅의 명자꽃들이여, 당당히 고개를 들어 주변을 보라! 비록 나라 안팎이 어수선한 혼돈의 시대지만 그대들의 숨은 노고가 있어 한 가정이 일어서고 경제대국 문턱까지 올라가지 않았던가? 하지만 지나친 비약이 아닐까 하는 아쉬움도 한편으로는 남는다.

새벽부터 밤중까지 바깥 살림 차려 놓고

행여 어디 탈 날세라 애지중지 보듬으며

만백성 꿈을 키워 낸

별이었지, 당신은

티격태격 물꼬 싸움 소란한 논배미를

두레상에 불러들여 웃음꽃을 피운 그대

아무리 남아돌아도

얼이지, 겨레에 깃든
　　　　　　　　　　　　　—「벼얼」전문

벼얼? 벼에도 얼이 있었던가? 의구심으로 음미하다 결국에는 공감의 미소를 지었다. 시인은 벼얼을 새벽부터 밤중까지 안살림도 아니고 바깥 살림 차려 놓고 애지중지 보듬어 만백성 꿈을 키워 낸 별이라고 첫 수에서 표현했다. '별'을 길게 늘이면 '벼얼'로도 소리 난다. 역시 산뜻한 발상이다. 종종 물꼬 싸움으로 소란한 논배미도 목격하지만, 어느 순간 두레상에 둘러앉아 웃음꽃을 피우게 하는 게 벼이며 쌀이니 그 고귀함이 얼이 아니고 무엇이겠는가?

'벼얼'이라는 말은 시인이 만든 조어이지 싶다. 이런 부분이 독자에게 다가갔을 때 거부감 없이 이해될 수 있을까? 그것은 조금 갸우뚱해지기도 한다.

> 천생 한량 가장에다 주렁주렁 딸린 식솔
>
> 바람 불면 넘어질까 깜냥껏 부여잡는다
>
> 둥우리 땅속에 틀고
>
> 음지서 품 파는 여자
>
> 웃자라는 키만큼 사이는 점점 멀어
>
> 상사화 팔자 닮아 그리움도 깊겠지만
>
> 물리적 거리쯤이야
>
> 사랑으로 당겨야지
>
> ―「뿌리」전문

김 시인은 뿌리를 음지서 품 파는 여자, 그것도 천생 한량 가장에다 주렁주렁 딸린 식솔을 부양하는 생이 고단한 여자로 표현하고 있다. 그러면서도 그녀에게 물리적 거리쯤이야 사랑으로 당길 줄 아는 거룩한 힘을 부여한다. 너무나 완벽하게 공감되는 이 시에서 군이 독설毒舌을 뱉으라니, 둘째 수 중장의 '상사화 팔자 닮아 그리움도 깊겠지만'에서 그리움의 상징인 상사화를 끌어온 것이 첫째 수 '웃자라는 키만큼 사이는 점점 멀어'와 깊은 호응을 할 수 있을까, 약간의 의구심을 제기한다. 하지만 그것도 김 시인의 독설 요구에 맞추기 위한 억지임을 밝힌다.

> 삭신이 쑤신다며 서까래 끙끙 앓기에
> 마지못해 쳐다보니 슬금슬금 실 뽑는 거미
> 취한 듯 빙빙 돌면서 한 땀 한 땀 엮는다
>
> 설계도 따위 없어도 번듯하니 집이 한 채
> 재주 많은 놈 배곯는다고 보증금도 없이 들어
> 허름한 귀퉁이거늘 눈치 슬슬 살피는지
>
> 변방으로 밀려나긴 그나 내나 매한가지
> 어떻게든 살아 내려 속 다 비워 빚은 집을
> 내 차마 못 걷어 내지, 파리라도 꾀어야지
>
> ―「동병상련」 전문

삭신이 쑤시는 서까래이고 보니 그 세월의 깊이가 가늠된다. 시인의 누옥 처마 밑에 취한 듯 집을 짓는 거미 한 마리. 집을 짓기 위해선 대지를 마련하고 설계도에 따라

재목을 깎아 맞춰 쌓아 올려야 함에도, 재주 좋은 거미는 설계도 한 장 없어도 집을 지어낸다. 재주가 있지만 보증금도 못 내고 집 짓는 거미 처지가, 시인은 자신을 닮았다고 느낀다.

'어떻게든 살아 내려 속 다 비워 빚은 집을 / 내 차마 못 걷어 내지, 파리라도 꾀어야지' 그래서 그 안타까운 거미집을 걷어 낼 수가 없다. '파리라도 꾀어야지'란 자신의 의지를 투영해 비루한 거미의 비루하지 않은 한 방을 끄집어낸다. 막힌 명치를 뚫는 한 방이다.

살충제, 살균제에 영양제까지 퍼붓는다

속내를 읽었는지 되약볕도 슬쩍 거든다

머잖아 이 밭뙈기는 판세가 바뀌리라

신물 나 돌아서거나 유혹에 흔들리거나

신념을 뒤집는 데가 어디 여기뿐이랴

저마다 눈치 살피다 고추 슬슬 붉어 간다
―「살포」 전문

여름 고추밭에서 시대의 판세를 읽는다. 연일 퍼부어대는 살충제 살균제 같은 정책들, 공약들, 이제 신물이 난다. 허나 어쩌랴? 이게 현실인 것을… 사탕발림인 줄 알면서도 속고 속아주는 게 하루 이틀이 아니었으니 머잖아 판세가 바뀔 이 밭뙈기에서 저마다 눈치나 살피다 고추처럼 슬슬 붉어갈밖에…. 시절가조의 정수를 보여주는 이 시에 어떤 독설毒舌이 필요하겠는가?

독설毒舌 아닌 독설毒舌을 내뱉었지만 어느 한 작품 가볍게 다뤄진 것이 없고, 늘 새로운 세계를 추구하는 도전 정신과 결속된 시적 품격이 김 시인 시조 미학의 중심임을 다시 한 번 확인한 다섯 번째 시조집 『자유를 인수분해하다』 상재를 진심으로 축하드린다.

윤현자 1995년 《중앙일보》 연말장원, 시조집 『꿈틀, 우화를 꿈꾸다』 외

참신함을 넘어 발칙한 언어 부림

정형석

1996년 조선일보 신춘문예로 등단한 김선호 시인이 시조집 『자유를 인수분해하다』를 발간했습니다. 첫 시조집 『창공에 걸린 춤사위』 이후 다섯 번째이며 등단 30년이 지났습니다. 김 시인은 이후 제2 시조집 『공생시대』, 제3 시조집 『섬마섬마』, 제4 시조집 『으밀아밀』등을 발간했는데 특히 섬마섬마, 으밀아밀 등 시조집 제목이 독특합니다. 시인은 일반어가 아닌 고유어, 사투리 등 다소 생소한 언어를 구사하여 작품을 전개하는 등 남다른 면이 엿보입니다.

시인은 언어의 연금술사입니다. 누구나 아는 일상적인 언어가 아니라 시인만의 독특한 언어 영역을 구축하여 '글 부림'을 하는 것은 독자들의 입맛을 당기게 하고 그만의 시를 찾게 하는 원동력이 아닐까요. 이번 시조집 『자유를 인수분해하다』도 뭔가 함축적이고 일면 도전적인 면이 엿보입니다. 인간이 지향하는 최상의 가치인 자유라는 관념어를 수학 용어인 인수분해와 연결하는 시도가 참신함을 넘어 발칙하다고 느낀다면 무리일까요?

자기만의 고유한 시적 영역을 가진다는 것은 쉬운 일이 아닙니다. 김 시인만의 끊임없는 성찰과 사유가 있었기에 가능하다고 여깁니다. 누군가 말했습니다. "시인은 시로서만 시인이다." 김 시인은 이 말을 대변하고 있습니다. 어느 흐름에 휩쓸리지 않고 그만의 시적인 고지를 향해 쉼 없이 나아가는 것만이 글의 도반인 시인이 견지해야 할 자세로 생각하기 때문입니다. 중부권의 중견 시인으로 자리매김한 시인의 다음 작풍作風이 벌써 기다려집니다.

정체 구간 감지하고 내비* 노선 붉어진다

꼼짝 않는 길 위에서 내 얼굴도 핏대 선다

도로는 아닌 척해도

피 울음을 쏟을 터

―「물아일체」 전문

길은 사람과 사람을 이어주는 소중한 존재입니다. 예전에는 한가했던 공간이 사람으로 메워지고, 이내 문명의 이기인 자동차가 그 길을 대신합니다. 자동차의 급격한 증가는 인간에게 많은 편의를 가져왔지만, 그에 부수하는 불편도 있어 인간의 능력을 보충하는 기계(내비게이션)가 등

장했습니다. 「물아일체」는 생활인의 한계와 그를 보충하는 내비를 통하여 정체된 도로 현실이 그려집니다. 붉어진 내비 노선과 핏대 선 화자의 얼굴, 거기에 더하여 피 울음을 쏟고 있는 도로를 일체화시켜 현대인의 일상을 시각적으로 그린 것이 재미있습니다. 그래서 내비와 도로라는 물物과 나[我]라는 화자가 일체가 된 것이지요.

 당신이 잘나가면 반색할 우리 사이

 오를수록 화가 나고 열받아 축 처져요

 죽도록 사랑한단 말 왠지 자꾸 걸리네요

 형편이 비슷할 때 우리 참 좋았지요

 있는 듯 없는 듯해도 늘 손잡고 걸었어요

 자존심 상하더라도 내려올 순 없을까요
　　　　　　　　　　　　　　　―「체온에게」전문

 체온과 화자를 연결하여 상황을 밀고 나가는 점이 재미있습니다. 체온이 정상적이면 반색할 관계이지만 오르면 화가 나고 위축된다는 설정은 당연하지만 산뜻한 발상입니다. 얼마나 사랑했으면 죽도록 사랑한다는 말까지 할까요. 그렇지 못하여 사랑한다고 한 말이 자꾸 걸린다는 외침이 애잔해 옵니다. 이 정도이면 연인, 그 이상입니다. 그래서 그렇지 못한 현실이 안타깝게 다가옵니다. 둘째 수에는 좋았던 관계를 회상하고 간절히 예전의 상태로 되돌아오기를 읍소하는, 다소 익살스러운 면에 눈이 갑니다.

> 사위 본 답례 인사로 시집을 우송하다가
> 주소를 알 수 없어 카톡으로 물어보다
> 시집을 보내려 하니
> 주소 좀 알려 달라고
>
> 분명히 읽었는데 응답이 없는 걸 보면
> 아무래도 무언가 오해가 생겼나 보다
> 한 번에 여의면 될걸
> 욕심이 과하다거나
>
> 손주 손녀 다 봤어도 혼자된 지 오래되니
> 철이 바뀔 때마다 등짝이 시리다더니
> 아, 설마 저한테 보낼까
> 들떠 있는 건 아니겠지?
>
> ―「과대망상」 전문

먼저 우리 말이 재미있습니다. 똑같은 말이, 듣는 사람의 상황과 입장에 따라 다르다는 설정이 그렇습니다. 시에서는 시집을 시집(결혼)으로 착각하는 것도 유분수라며 과대망상을 꾸짖는 능청을 부립니다. 설마 그럴 현실이 있을까마는 그런 상황을 설정하여 해학의 틈새를 노립니다. 문학의 기능이 인간의 삶을 이완하는 작용도 있는 만큼, 시중市中에 뿌리를 내려야 외면받지 않겠지요. 다소 엉뚱하고 익살스러운 관계 설정을 통하여 독자의 흥미를 끌고 관심을 유도하는 기발한 발상이 이채롭습니다.

버리고 가지 말라고 싹싹 빌며 매달려도

평소에 너무 소홀해 더는 함께 못한다네

하나둘 놓을 황혼에 악착같이 움켜쥐네
―「밑줄」 전문

인간은 혼자 살지 못하여 다른 사람과 관계를 맺고 살지요. 글자 그대로 사람과 사람 사이라는 사전적 의미 그대로입니다. 시에서는 그것을 아주 쌈박하게 그리고 있습니다. 우리네 인생사도 그렇지 않을까요? 가까운 사이일수록 신경 쓰지 않다가 멀어진 다음에야 다급하게 달려들 때는 늦었지요. 그래서 속된 말로 있을 때 잘하라고 하는

지 모르겠습니다.

  가까운 사이는 기대가 큰 만큼 실망도 커서 그것으로 상대에게 마음의 생채기를 줍니다. 오죽하면 버리고 가지 말라고 싹싹 비는데 더는 함께 못하겠다고 하겠습니까. 더구나 인생을 정리할 황혼기에 그럴 일이 닥치면 더욱 황당하고 비참하리라 여겨집니다. 「밑줄」은 우리네 삶을 돌아보고 경계하는 교훈적인 면도 드러나 재차 눈이 갑니다.

    치매 검사 받으러 어머니와 동행한 날
    보건소 창구에서 용무를 얘기하니
    두 분 다 받으실 거죠, 영혼 없이 화답하네

    뻘쭘하여 쳐다보며 아, 그게… 말끝 흐리니
    신분증 제시하라며 누가 먼저 할 거냐 묻네
    염색을 오래 띄워서 부부인 줄 알았을까?

    아무리 백발이기로 설마 그리 짚었으랴
    아마도 그 선생은 내 속을 환히 본 게다
    시심이 케케묵은 걸 에둘러 꾸짖는 게다

  모자가 동행하여 치매 검사 받으러 가는 장면 설정이 의외이면서 따뜻한 시선으로 다가옵니다. 백세시대인 오늘날 쉽게 보게 될 상황이라 마음이 무겁습니다. 그래서 창구 직원의 무신경한 대면 태도가 현실적이지만 야속합니다. 모자 관계를 파악하려 하지 않고 대충 건성으로 넘겨짚는 태도가 기계적인 직장인의 모습으로 투시됩니다.

   그러나 시인은 오히려 '시심이 케케묵은 걸 에둘러 꾸짖는'다고 자기를 투시합니다. 역설의 미학이 인간적이죠. 시심矢心이 있는 만큼 도리는 소홀하지 않을 겁니다. 보편 너머의 상황에서 자신을 돌아보고 성찰하는 시인의 참모습을 투시할 수 있어 좋습니다.

정형석 2004년 《시조문학》 신인상 당선, 시조집 『영강의 사계』 외

낯섦과 난해함 속에 깃든 애정

강성원

김선호 시인의 시는 복잡한 세상의 모습을 풍자와 해학을 통해 은근슬쩍 꼬집는 경우가 많다. 그래서 읽는 재미에 빠지다 보면 시인이 주는 메시지를 놓치기도 한다.

최근 들어 시인은 다양한 형태의 시조 쓰기에 도전하고 있다. 호흡이 긴 사설시조와 낯설게하기 기법, 동음이의어 사용 등을 통해 시의 지평을 무한으로 넓혀가고 있다. 시인의 신작을 기다리는 재미가 점점 커진다.

우연한 기회에 의기투합하여 김선호 시인과 함께 시를 읽고 논하게 된 지 벌써 1년이 지났다. 시인이 시조의 넓이와 깊이를 키워가면서도 끝까지 손을 놓지 않는 것은 세상을 향한 따뜻한 연민이다. 그 물컹한 시선을 따라가 보았다.

짓다 만 건물 벽에 현수막 펄럭인다
자금이든 기술이든 미완의 애물단지
살아갈 집을 짓다가 놓친 게 있나 보다

> 그런 집을 겁도 없이 몇 채나 지었구나
> 익지 않은 시어들을 우격다짐 밀어 넣고
> 번드레 시집이라고 눈꼴시게 나댔구나
> ─「유치권 행사 중」 전문

최악의 불경기에 주변에서 자주 볼 수 있는 모습이다. "짓다 만 건물 벽에 현수막 펄럭인다" 얼핏 보면 완성된 건물 같은데 흉물스럽게 방치되어 현수막이 바람에 날리는 모습을 보고 시인은 덤덤하게 말한다. "살아갈 집을 짓다가 놓친 게 있나 보다" 할 말이 많은 사람들 의견을 누구 편에 서서 두둔하거나 비난하지 않았는데도 고개가 끄덕여진다.

그런데 잠시 연민에 빠졌던 마음을 "그런 집을 겁도 없이 몇 채나 지었구나"라고 말하며 느닷없이 훅 낚아채 올린다. 마음 깊은 곳에 있는 분노와 비난이 슬그머니 따라 올라온다. 종장의 "번드레 시집이라고 눈꼴시게 나댔구나"를 보니 결국 이 말은 자신에게 자조적으로 하는 말 같다. 첫수 중장의 "미완의 애물단지"도 시인이 시로 만든 집을 말하는 것일 수도 있다. 다른 사람들에게 항상 따뜻한 위로의 손을 내미는 시인이 자신에게는 단호한 회초리를 들고 단속하는 모습이 숙연하다.

> 식당을 나서는데 달랑 남은 신발 한 켤레

무심코 신고 보니 헐거운 게 이상하다
고의는 아닐 것이고 둔감하기 돌부처다

어쩌나, 난감하여 멀뚱히 하늘 보는데
'신어야제 워쩔 껴, 업둥이라 여겨 살어'
실없는 식당 여자가 뒤통수에 갈기다

연락처 남겨 놓고 터벅터벅 돌아와서
며칠을 기다려도 무더위만 기승부려
애꿎은 신발만 보면 눈엣가시 절로 돋다

남의 자식도 몇씩 거둬 살갑게 보듬는데
그깟 신발 한 켤레쯤 어떡하면 정 못 주랴
구두약 잔뜩 바르고 침 튀기며 문지르다

—「해탈」 전문

"달랑 남은 신발 한 켤레" 누구나 한 번쯤 겪었을 것 같은 난감한 순간이다. 발에 맞지 않는 신발을 신고 가버린 신발 주인에게 "둔감하기 돌부처다"라고 말해본들 이미 소용이 없다. 실없는 식당 여자가 "신어야제 워쩔 껴"라는 말로 화를 부추기지만, 맨발로 갈 수 없으니 "눈엣가시" 같은 신발을 신고 돌아온다.

살다 보면 어쩔 수 없이 체념해야 하는 경우가 있다. 나

이를 먹을수록 그런 순간은 더 자주 온다. "그깟 신발 한 켤레쯤 어떡하면 정 못 주랴" 가슴으로 낳은 자식도 살갑게 보듬으면 내 자식이 되듯 "구두약 잔뜩 바르고 침 튀기며 문지르다" 보면 업둥이 같던 신발도 어느새 내 신발이 된다. 시인은 신발이 바뀐 지극히 평범한 일상을 통해 입양에 대한 소신 발언을 한다. 그 무게가 무겁지도 않고, 가볍지도 않다. 시인은 모든 판단의 몫을 독자에게 주고 있다.

    내 귀에 매미 들어 사시장철 울어 대고

    아내 귓속 돌 떨어져 밤낮없이 흔들리네

    이명도 이석도 모두 성가시긴 매한가지

    내 귓속이 소란하면 아내가 다독이고

    아내가 비틀대면 내 손 건네 잡아주네

    황혼길 명석한 동행 저녁놀이 앞장서네
                             —「명석한 부부」전문

    나이가 들면서 몸이 구석구석 삐걱거린다. "내 귀에 매미 들어 사시장철 울어대고// 아내 귓속 돌 떨어져 밤낮없이 흔들리네" 몸이 부서지는지도 모르게 열심히 살아온 착한 부부에게 황혼이 되어 찾아온 난감한 상황이다.

  사시장철 울어 대는 매미도, 밤낮없이 흔들리는 귓속도 성가시긴 매한가지다. 시인은 이런 순간에도 웃음을 잃지 않는다. 서로 다독이고, 손잡아 이끌어 주면서 평안하게 저물어 가는 노부부의 모습을 "황혼길 멍석한 동행 저녁놀이 앞장서네"라는 말로 표현했다. 어둡고 쓸쓸할 수도 있던 풍경이 금세 따뜻해진다.

  시인은 사람들에게 '괜찮아, 다 잘될 거야'라고 말하고 싶은 것 같다. 어떤 상황에서든 끝내 밝은 자락을 끄집어내어 토닥토닥 위로해 주는 건강함이 시인의 큰 장점이다.

    병치레며 반항이며 입시며 취업이며

    굽이굽이 넘어가며 한 줄 한 줄 새기다가

    이승을 벗어나고야

    긋기를 멈춘 엄니
                           ―「번데기」 전문

  신선하다. 선술집 안주로 나왔음 직한 번데기를 보고

이런 착상을 했다는 것이 놀랍다. 번데기 몸에 새겨진 깊은 주름을 보고 문득 고단하게 살아오신 어머니 생각이 났나 보다.

자식을 낳아 온전히 독립을 시킬 때까지 부모는 늘 노심초사다. 잔병치레 많은 아기가 커서 한시름이 덜어지면 진학에 취업, 결혼까지 바람 잘 날이 없다. 주름 많은 엄마의 일상은 "굽이굽이 넘어가며 한 줄 한 줄 새기다가" 결국 이승을 벗어나고서야 멈춘다. 멈추는 순간까지 온몸에 깊은 주름을 새기셨을 엄마가 장하고 거룩하다. 이런 순간을 놓치지 않고 건져 올린 시인의 눈이 맑고 깊다.

> 짠맛 신맛 다독거려 다디단 상 차리시다
> 쓴 일 매운 일 마주하며 입에 단내 풍기시다
> 내줄 게 더는 없는지
> 단 오줌을 지리시네

— 「감진고래甘盡苦來」 전문

부모는 평생 자식에게 최고만 주고 싶어 한다. 짠맛, 신맛, 쓴맛 대신 단내 나는 밥상을 주려고 밤낮으로 노력하다 보니 오히려 본인 입에서 단내가 날 때가 많다. 그렇게 함부로 오래 부린 몸에서 스르르 바람이 빠지고 "내줄 게 더는 없는지" 상황이 되면 결국 갈 곳이 요양원밖에 없다.

생각이 가물거리고 스스로 몸을 가누기 힘든 상황에서도 자식 걱정을 먼저 하는 부모의 모습이 선해서 눈물겹다.

대소변을 가리지 못하는 쓸쓸한 현실을 시인은 "단 오줌을 지리시네"로 무겁지 않게 표현했다. 황혼기에 접어든 시인에게는 그것조차도 어머니가 주시는 다디단 사랑인 것이다. 그 사랑의 무게를 짐작할 수 있는 사람들에게 이 시는 추억이자 참회록이 될 것이다.

애초에 시평 부탁을 받았을 때는 독하게 비평해달라고 했다. 여러 번 고사했지만, 결국 그리하겠다고 말씀드리고 원고를 받았다. 며칠 동안 읽기만 반복했다. 눈으로도 읽고, 입으로도 읽었다.

오래 읽을수록 가슴이 따뜻해졌다. 가끔은 뭉클했다. 시의 덕목 중 하나는 독자에게 울림을 주는 것이다. 오랫동안 사랑을 받아온 시들은 대부분 비슷하다. 읽는 사람의 마음을 무장해제시켜 그 속으로 들어가게 한다.

'자유를 인수분해하다'라는 제목으로 독자를 만날 김선호 시인의 시들은 낯선 모습도 있고, 가끔 난해한 부분도 있지만, 그 밑바탕에는 사람을 향한 애정이 들어 있다. 그래서 감히 세 치 혀로 독설을 내뱉을 수 없었다. 며칠 동안 시의 주인공이 되어 함께 슬퍼하고, 한숨 쉬고, 때로는 분노했다. 많은 독자와 함께 이런 감정을 공유하고 싶다.

강성원 2005년 《나래시조》 신인상, 2008년 《농민신문》 신춘문예

일상에서 도출해 낸 관찰자적 시각

이남숙

형벌이 너무 무거웠다. 이제 막 등단한 새내기에게 해설이라니, 그것도 독설을? 어찌하다 기라성 같은 선배 시인들과 합평회를 하게 된 대가가 이리 혹독할 줄은 몰랐다. 예외 없다는 단호함 앞에서 한참을 망설이다가 백기를 든다. 하얘진 머릿속을 툭툭 치며 이 생각 저 생각을 모아본다. 이러면서 내가 성숙할 수만 있다면, 건방진 신인이라는 따가운 시선 따위는 달게 받겠다.

난데없는 갈림길이 시험에 들게 하는디

태극기 날려봤나, 촛불 한번 들어봤간? 양당 간에 뭐이냐고 윽박지르니 워쩌겄어? 아 글씨, 아 글씨 하며 말끝 흐리던 광장에서

국회로 가야 하나 당사를 찾아갈까 찬성표를 던질까 암만해도 반대표지 그도 저도 다 관두고 슬그머니 기권표를? 요리조리 가늠하다 이쪽저쪽 다 문 닫고 줄커녕 물타

기마저 머쓱하게 놓치던 날, 왜 하필 그때를 골라 김장 판을 벌였겠다

여름내 요상한 날씨로 배추가 늦된 탓에 한 달여나 늦어져서 추위마저 보태는디 무채 쪽파 생강 마늘 갖은양념 버무릴까 김치통이나 슬슬 옮기는 뒷손질이 좀 쉬울까 슬금슬금 눈치 보며 잔머리가 핑핑 돌 때 뭐하노! 퍼뜩 온나, 주머니엔 거 뭐꼬? 앙칼진 성화에 놀라 엉겁결에 꺼내는디

왼쪽엔 고무장갑이요, 오른쪽은 면장갑이더랑께
―「좌고우면」 전문

좌고우면은 왼쪽을 둘러보고 오른쪽을 살핀다는 고사성어로 자신감과 우유부단함의 이중적 의미를 지닌다. 화자는 태극기와 촛불로 대비되는 사회적 현장을 한 발 물러서 살펴보고 있다. 하지만 각자의 주장만을 내세우고 서로의 입장을 헤아리지 않아 그 광경은 화자의 선택을 심사숙고하게 한다.

또 다른 현실은 늦된 배추로 인해 늦은 김장을 하는 상황이다. 빨리 오라는 성화에 주춤거리며 주머니에 손을 넣어 보니 왼쪽에는 고무장갑이, 오른쪽에는 면장갑이 잡힌다. 이는 겉으로 보기에는 다른 생김새를 하고 있지만,

김장하기 위해서는 면장갑을 끼고 그 위에 고무장갑을 껴야 완벽한 준비가 되듯이 서로를 도와 상생하는 사회를 주문하는 것이다.

모두가 어려워하고 꺼리는 소재를 선택하여 소신 있게 이야기하기는 쉽지 않다. 그러나 시대가 요구하는 어른의 모습을 슬그머니 내보이는 참 어른의 모습이다. 현시대 상황에서 좌고우면이라는 시인의 시조는 시절가조라는 시조 본연의 시 정신을 잘 담아내고 있다고 할 수 있다.

초등 때 청소 당번 신입 시절 커피 당번

주간 야간 번갈아 맡던 경비마저 다 잘리고

이력서 번질나게 내도

퇴짜 놓네, 번번이
— 「번아웃 내력」 전문

'인간은 사회적 동물이다'라는 말처럼 태어나는 순간 사회에 속하게 된다. 작게는 가정을 시작으로 학교와 사회, 군대 등 다양한 사회에 소속을 두게 된다. 화자는 그 모든 것을 무사히 통과하고 은퇴를 경험한다. 하지만 힘들게만 느껴지던 상황과 그 과정에서 맡았던 온갖 당번들이 그립다. 다시 적을 두고자 고군분투하지만 번번이 아웃이다. 의기소침할 수도 있는 상황이지만 담담히, 그리고 당당히 스스로 번아웃을 선언하고 있다. "번"에서 벗어난 그가 자유롭기를, 또한 자신을 위한 당번이고 삶이기를 빌어 본다. 그에게 글에서는 은퇴가 없을 테니까.

 절절한 사연 풀러 절집 마당 들어서니

 절도 있는 어조 섞어 절 탑이 훈계하네

 절이란 꿈도 못 꾸는

 절박한 나 좀 보게

 절치부심 칼을 갈며 절실한 적 있었는가

 절벽처럼 맘을 닫고 절구를 빚겠는가

 절대로 절을 마시게

 절 근처도 얼씬 말게

―「절절매다」 전문

외국인들은 우리가 무교라고 답하면 무신론자라 여긴다고 한다. 우리나라 사람들은 무교와 무신론자를 별개로 생각한다. 화자는 급하게 절을 찾는데 아마도 독실한 신자는 아닌 모양이다. 절 마당에서 탑만 보아도 제풀에 기가 죽지만, 이내 생각을 돌이켜 절치부심하고 절박한 심정으로 절을 떠난다. '절절매다'는 제목이지만 화자는 절절매지 않는다. 마음을 가다듬고 뜻을 굽히지 말라 한다. 다만 절하지 말라고 에둘러 전한다. 때로는 알면서도 모른 체해주는 것이 좋을 때도 있다. 화자는 아마도 그런 경우를 마주했나 보다. 이처럼 절절한 시 한 편이 누군가에게는 큰 위로가 될 것이다. 시인의 따뜻한 마음이 크게 와 닿는다.

> 남편을 서방이라 하고 동태, 북어 한 몸이면
>
> 남과 북 대치 국면도 좌우 논쟁도 부질없다
>
> 한 형제 데리고 살면
>
> 서로서로 동서 아니냐
>
> ─「방향을 읽다」 전문

에스키모인들은 눈을 지칭하는 표현이 20여 가지가 될

정도로 매우 다양하다. 그만큼 생활에서 중요한 부분을 차지하고 있는 것들은 언어가 세분되고 발달한다고 한다. 우리나라는 색을 표현하는 방식이 많다. 붉은색도 빨갛다, 붉다, 불그스름하다 등 셀 수 없을 정도로 많다. 인간관계 역시 다양하다. 여자의 경우 여동생, 엄마, 언니, 처제, 고모, 숙모, 이모 등 한 명의 여성이 일생 동안 다양한 이름으로 불린다.

시인은 방향을 읽는 법으로 우리가 아는 동서남북 네 방위가 아닌 우리의 생활에서 방위를 찾아가고 있다. 누구도 생각하지 못하는 '낯설게하기'를 시도하고 있다. 하지만 작품의 끝에 다다르면 그가 하고자 하는 이야기가 드러난다. 한 형제랑 결혼하면 동서지간으로 불리는 것처럼 분단국가 현실에서 언어로나마 통합을 시도하고 있다. 시인은 공직에서 물러났지만 나라 안위를 진심으로 걱정하고 사랑하는 애국의 마음을 이 시 한 편에 잘 녹여내고 있다.

잘난 소리 상 준다니께 이 소리 저 소리 모여드는디

뜬금없는 딴소리 미덥잖은 헛소리 허풍 떠는 흰소리 이치 그른 선소리 맘 상하는 개소리 억지 쓰는 생소리에 주눅 드는 큰소리 함부로 뱉는 막소리 쓸데없는 군소리 달갑잖은 잔소리 싱거워 빠진 객소리 돌아서 씹는 뒷소리라

귓불을 쫑긋해도 기척 없는 소리 있는디 빈틈없는 똑소리 약이 되는 쓴소리 맞장구치는 한목소리 사심 없는 제소리에 만선 기쁜 썰소리 새벽 알리는 홧소리 신명 나는 판소리 구슬리는 우스갯소리 젖먹이 입가에 맴도는 맑디맑은 놀소리라

잡소린 다 꺼지랑께 찍소리도 내덜 말고!
—「소리 점고」 전문

 시인은 판소리를 공부한다고 한다. 그래서인지 그의 글에서는 판소리에 버금가는 운율을 쉽게 느끼게 된다. 그로 인해 어려운 이야기를 풀어가도 쉽게 집중력을 잃지 않고 끝까지 읽어가게 만드는 힘이 있다. 시조라는 장르가 틀에 갇혀 있다고 생각하는 이들도 있지만, 시인의 사설시조를 보면 자유롭게 이야기를 풀어가고 있다. 이는 시인의 오랜 작품 활동에서 얻어진 내공이라 할 수 있다.
 시인은 일상생활에서 얻은 소재를 시 안에 활용하고 있으며 동음이의어를 활용한 언어유희와 리듬감을 함께 연출한다. 판소리로 육화된 호흡으로 언어를 조탁하고 이를 시에 잘 녹여내고 있다. 평범한 일상 속에서도 가치 있는 의미를 도출해 내어 자기 미화적 기록이 아닌 객관적 관찰자의 시각으로 시인과 화자를 분리하고 사회 현상을 고

발한다.

  시인은 「박 타령」, 「소리 점고」 등 여러 시편에서 시조와 판소리를 결합하는 시도를 하고 있다. 시인은 가장 한국적이고 전통적인 판소리와 시조라는 독특한 두 가지 장르를 결합시켜 그 시너지를 극대화한다. 또한 그 시도를 통해 시인은 자신의 시 정신을 구현하고 시조의 지평을 확대해 나간다. 시조가 시절가조에서 온 것처럼, 현대의 지속 가능한 글쓰기에 최적화되고 있으며 그 중심에 있는 시인의 역할이 크다 하겠다.

이남숙 2022년 《나래시조》 신인상

자유를 인수분해하다

2025년 6월 10일 초판 1쇄 발행

지은이 　김선호
펴낸이 　유정환
펴낸곳 　도서출판 고두미
　　　　등록 2001년 5월 22일(제2001-000011호)
　　　　충북 청주시 상당구 꽃산서로8번길 90
　　　　Tel. 043-257-2224 / Fax. 070-7016-0823
　　　　E-mail. godumi@naver.com

ⓒ김선호, 2025
ISBN 979-11-91306-78-1　03810

※ 이 책은 충청북도, 충북문화재단의 후원을 받아 예술창작활동
　지원사업의 일환으로 발간되었습니다.
※ 책값은 뒤표지에 표시하였습니다.
※ 잘못 된 책은 구입한 곳에서 바꾸어 드립니다.